Let's eat!

Merci à toute l'équipe de Flammarion
qui m'a accompagnée
dans l'écriture de ce livre.
C. B.

Codes à flasher pour découvrir les versions sonores.

Production sonore de Jean-Marc Thurier
pour TwoT Studio, avec la voix de Chloé Dunn.

www.flammarion-jeunesse.fr

Conception graphique et mise en pages : Flammarion et Marie Pécastaing

Éditions Flammarion – 87, quai Panhard-et-Levassor – 75647 Paris Cedex 13
ISBN : 978-2-0813-9657-9 – N° d'édition : L.01EJEN001395.N001
Dépôt légal : août 2017
Imprimé en Espagne par Liberdúplex – 07/2017
Loi n° 49-956 du 16 juillet 1949 sur les publications destinées à la jeunesse.

Let's eat!

Texte de
Cécile Bajram

Illustrations
d'**Emmanuel Ristord**

Castor Poche

Il est midi, c'est l'heure du déjeuner.

Devant la cantine, les élèves découvrent le menu.

Menu
Tomatoes
Fish
Peas and carrots
Cheese
Dessert

La cuisinière les accueille.

À table, Réda discute avec Lou et Alice.

De son côté, Basil fait la tête.

Les enfants s’interrogent sur la suite du menu.

C'est enfin l'heure du dessert.

For dessert,
there is an apple pie.
Do you like it?

I like it
but I prefer
lemon cakes.

I eat apples but
I don't like pies!

Can I have one,
please? I love it!

Do you like food?

Do you like food?

Yes, I like food!

Fruit, meat and vegetables, desserts,

Yes, I like food!

Do you like fruit?

Yes, I like fruit!

Banana, orange, apple, mango,

Papaya, peach and lime.

Do you like vegetables?

Yes, I like vegetables!

Zucchini, broccoli, onions and peas,

Carrots and celery.

Do you like meat?

Yes, I like meat!

Chicken, duck, beef and pork,

Fish and turkey.

Do you like desserts?

Yes, I like desserts!

Ice cream, candies, cupcakes, brownies,

Cookies, cakes and pies.

1

Retrouve le mot anglais pour compléter chaque définition. Aide-toi de la page 4 !

a. Quand on a faim on est ....

b. Le moment du repas de midi s'appelle ....

c. L'endroit où on mange le midi à l'école est ....

2

Regarde le menu et **remplace** les images par les mots anglais. Sauras-tu **deviner** ce que veut dire « cheese » ?

BONUS

Le (la) cuisinier(ère) se dit « cook » en anglais, et le verbe « cuisiner » se dit « to cook ». Pour la nourriture, le mot anglais est « food », et les deux « o » se prononcent « ou ».

3

Associe chaque image à la bonne horloge pour découvrir le nom des différents repas de la journée.

dinner	breakfast	lunch	snack
19:00	07:30	12:00	16:00

À toi de jouer !

Seul ou avec tes amis ou ta famille, choisis ton menu favori et dessine une jolie carte avec les mots en anglais et des dessins.

1

Dans l'histoire, les enfants parlent de quatre fruits (*fruit*) et de quatre légumes (*vegetables*). Ils sont cachés dans les pages 6, 10, 12, 14 et 16. Sauras-tu les **retrouver** ?

2

Relis à haute voix la chanson pages 18-19 et amuse-toi à **repérer** les légumes et les fruits. Sauras-tu **trouver** les deux intrus dans cette liste ?

papaya
zucchini
tomatoes
apple
onions
banana
peach
orange
carrots
celery
lime
peas
broccoli
lemon
mango

3

Les enfants ont fait leur liste de courses.
Retrouve à qui appartient chaque panier.

onions
banana
lettuce
apple

apple
zucchini
lemon
banana

tomatoes
onions
lettuce
peas

peas
zucchini
lemon
tomatoes

A

B

C

D

À toi de jouer !

Dans ta cuisine, au marché ou au supermarché, amuse-toi à nommer en anglais les fruits et les légumes que tu connais. N'hésite pas à interroger ton entourage pour apprendre de nouveaux mots !

1

Souviens-toi de l'histoire
et **réponds par vrai ou faux**.

a. Sur le menu, il y a du poisson.
b. Basil adore le poisson.
c. Samir préfère le poisson à la viande.
d. Léo n'aime pas la viande.

2

Dans ces paroles de la chanson, certains mots ont été remplacés par des images.
Retrouve-les en t'aidant de la page 19.

Do you like meat?

Yes, I like meat!

, , beef and pork,

 and turkey.

BONUS

Attention, le mot «chips» en anglais veut dire «frites», c'est ce qu'on appelle un faux-ami !

3

Retrouve pour chaque enfant l'assiette qui correspond.

I eat chicken with chips and peas.

I eat fish with chips and tomatoes.

I eat duck with tomatoes and peas.

À toi de jouer !

Le mot «pork» veut dire «porc» et le mot «turkey» veut dire «dinde». La dinde est la viande que les Américains mangent pour la fête de Thanksgiving. Et toi, imagine en anglais ton menu de fête !

1

Observe bien l'image puis **retrouve** qui dit chacune des phrases.

a. I want a chocolate cake.

b. I want an apple pie.

c. I want a lemon cake.

BONUS

En anglais, il y a une phrase très célèbre pour les glaces :
« I scream, you scream, we all scream for ice cream ! »
« I scream » et « ice cream » se prononcent pareil, et cela veut dire : « Je crie, tu cries, on crie tous pour avoir une glace ! »

2

Retrouve pour chaque mot anglais sa traduction en français. Tu découvriras ainsi de nouveaux mots de boissons !

water	lait
apple juice	jus d'orange
milk	jus de pomme
orange juice	chocolat chaud
hot chocolate	eau

À toi de jouer !

Voici la recette du gâteau au yaourt. Fais-toi aider pour traduire les mots et réaliser ce dessert !

1 yogurt – 3 eggs

3  of flour

2  of sugar

1  of oil

1 sachet of yeast

1

En t'aidant des smileys, **retrouve** pour chaque phrase en anglais sa traduction en français.

I like carrots.

I hate carrots.

I don't like carrots.

I love carrots.

A Je déteste les carottes.

B Je n'aime pas les carottes.

C J'adore les carottes.

D J'aime les carottes.

À toi de jouer !

Parle de tes goûts et demande à tes amis ou ta famille ce qu'ils aiment ou n'aiment pas manger !

BONUS

« Yum » veut dire « miam »,
mais on peut aussi utiliser « yum-yum »
ou « yummy ». Pour dire « berk »,
on utilise « yuck » ou « ugh ».

2

À partir des images et des smileys, **raconte** en anglais les goûts de ces quatre enfants.

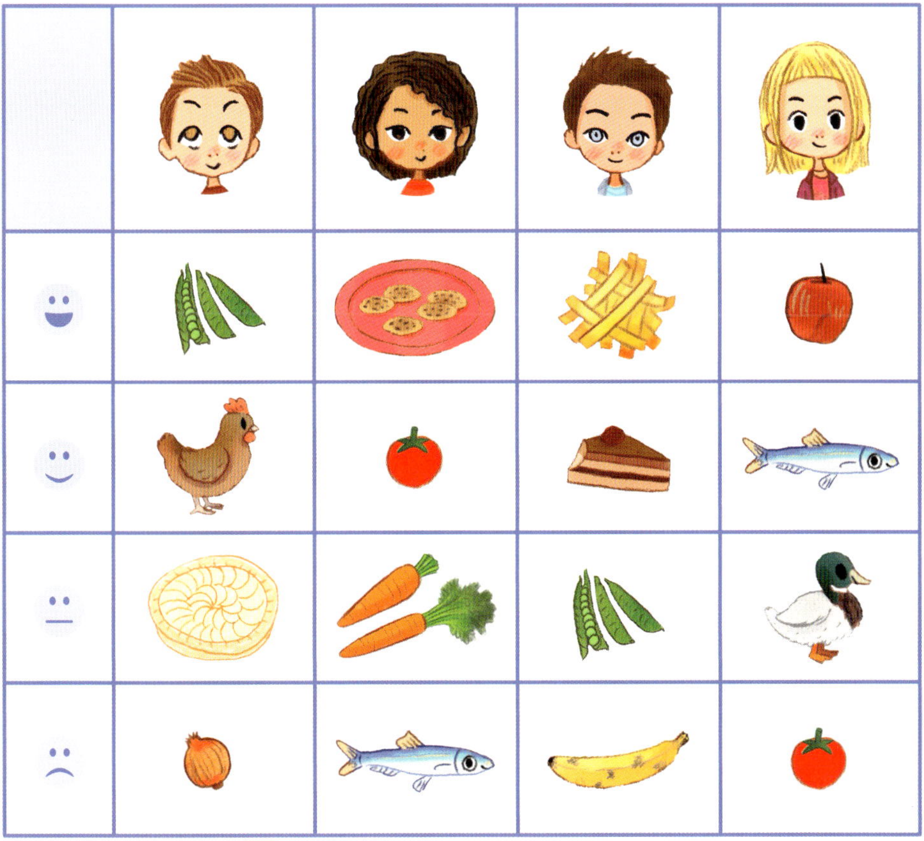

1

Pour chaque case de la première grille, **trouve la réponse** correspondante dans la seconde grille.

SOLUTIONS DES JEUX

Pages 20-21 – *Let's eat!*

1. a) hungry ; b) lunchtime ; c) the canteen.

2.  = tomatoes ;

 = fish ;  = peas ;

 = carrots ;  = apple pie.

Le mot «cheese» signifie «fromage».

3. A) snack = goûter ;
B) lunch = déjeuner ;
C) dinner = dîner ;
D) breakfast = petit déjeuner.

Pages 22-23 – *Vegetables and fruit*

1. Fruit: orange (page 12), bananas (page 14), apple (page 16), lemon (page 16) / Vegetables: tomatoes (page 6), peas (page 6), carrots (page 6), potatoes (page 10).

2. Les intrus sont «lemon» et «tomatoes».

3. Fatou = panier D ; Tim = panier B ; Alice = panier A ; Réda = panier C.

Pages 24-25 – *Meat and fish*

1. a) vrai ; b) faux, il déteste ça ; c) faux, il aime les deux ; d) vrai.

2.  = chicken ;  = duck ;

 = fish.

3. Bob = assiette B ; Mia = assiette C ; Samir = assiette A.

Pages 26-27 – *Desserts and drinks*

1. A-b ; B-c ; C-a.

2. water = eau ;
apple juice = jus de pomme ;
milk = lait ; orange juice = jus d'orange ;
hot chocolate = chocolat chaud.

Pages 28-29 – *Do you like or don't like it?*

1. A) I hate carrots ;
B) I don't like carrots ; C) I love carrots ;
D) I like carrots.

2. Léo loves peas and he likes chicken, but he doesn't like apple pie and he hates onions.
Selma loves cookies and she likes tomatoes, but she doesn't like carrots and she hates fish.
Téo loves chips and he likes chocolate cake, but he doesn't like peas and he hates banana.
Ana loves apple and she likes fish, but she doesn't like duck and she hates tomatoes.

Page 30 – *Are you a food champion?*

1. A-6 ; B-5 ; C-1 ; D-2 ; E-4 ; F-3.

Retrouve les histoires de **Je suis en CP**

pour t'accompagner tout au long de l'année !

7 TITRES PARUS

Le nouveau *La fête à la cantine*

NIVEAU 1 : PREMIER TRIMESTRE

7 TITRES PARUS

Le bras cassé *Lou a deux maisons*

NIVEAU 2 : DEUXIÈME TRIMESTRE

5 TITRES PARUS

La fête de l'école *La médaille d'or*

NIVEAU 3 : TROISIÈME TRIMESTRE

L'anglais du CP

Pour découvrir cette langue par le jeu et l'oralité !

Hello, Goodbye *Colours and numbers*

DÉCOUVRE AUSSI